# ESPÍRITU 2000

## Meditaciones Diarias
## Sobre Como Ser Discípulos de Jesús

Mark Link, S.J.
Traducidas por Rosalva Castañeda

Allen, Texas

IMPRIMI POTEST
Bradley M. Schaeffer, S.J.

NIHIL OBSTAT
Rev. Glenn D. Gardner, J.C.D.
Censor Librorum

IMPRIMATUR
† Reverendísimo Charles V. Grahmann
Obispo de Dallas

Diciembre 15, 1993

El *Nihil Obstat* e *Imprimatur* son declaraciones oficiales que este trabajo no contiene nada contrario a la Fe y la Moral. No es implícito, por lo tanto, que los que otorgan el *Nihil Obstat* e *Imprimatur* estén de acuerdo con el contenido, declaraciones u opiniones aquí expresadas.

RECONOCIMIENTOS
A menos que se especifique lo contrario, las citas de las Escrituras fueron extraídas de La Biblia, Edición Pastoral. Derechos reservados © Ediciones Paulinas 1972. Usadas con permiso.



Enviar toda correspondencia a:
Tabor Publishing
200 East Bethany Drive
Allen, Texas 75002–3804

ISBN0–7829–0478–5

Impreso en los Estados Unidos de América

1 2 3 4 5 99 98 97 96 95

## CONTENIDO

RECURSOS
ESPIRITUALES
**TABOR**

# *Serie Visión 2000*

**Libros**

*Vision 2000* (Cycle A)
*Mission 2000* (Cycle B)
*Action 2000* (Cycle C)
*Challenge 2000*
*Bible 2000*

**Folletos**

*Lent 2000*
*Spirit 2000*
*Cuaresma 2000*
*Espíritu 2000*

Para descuentos en cantidad o información adicional, escriba o llame a:

Tabor Publishing
200 East Bethany Drive
Allen, Texas 75002–3804
Llame gratis al 1–800–822–6701

## Cómo Usar *Espíritu 2000*

Este folleto pide un doble compromiso:

- meditar diariamente, por su propia cuenta, por diez minutos.
- reunirse semanalmente con seis u ocho amigos por unos treinta o cuarenta minutos.

## Meditación Diaria

Cada ejercicio diario de meditación contiene cuatro secciones:

- un pasaje de las Escrituras,
- una historia,
- una adaptación a la vida, y
- un pensamiento final.

Empiece cada meditación diaria rezando la oración que se encuentra atrás de la portada.
El modelo para cada meditación también se encuentra en la parte de atrás de la portada.

Termine cada meditación rezando el Padre Nuestro despacio y con reverencia. Luego apunte en un cuaderno qué fue lo que más le impresionó durante la meditación.

## Reunión Semanal

El propósito de la reunión semanal es para *sentir apoyo* y para *compartir*. Las reuniones duran unos 30 a 40 minutos, a menos que el grupo decida otra cosa. La reunión se inicia con un "llamado a la oración."

Uno de los miembros enciende una vela. Luego tres lectores leen con reverencia la oración que se encuentra en la página 60.

La reunión en sí empieza cuando el líder responde brevemente a estas dos preguntas:

- ¿Qué tan fiel fui a mi promesa de reflexionar diariamente sobre la lectura de la Biblia?
- ¿Cuál de las meditaciones diarias tiene mayor sentido para mí y por qué?

El líder entonces invita a cada miembro, por turno, a responder brevemente a esas mismas preguntas.

Cuando ya todos hayan respondido, el líder da la palabra a cualquiera que la solicite—

- para expandirse más sobre su respuesta a la segunda pregunta, o
- para comentar sobre la respuesta de otro (no para discrepar, sino para afirmarla o aclararla).

La reunión termina con un "llamado a la misión": una exhortación para ser testigos de Jesús y de sus enseñanzas en nuestra vida diaria. Esta consiste en que tres personas recen la oración que se encuentra en la parte de atrás de la contraportada.

Luego uno de los miembros apaga la vela (la cual se prendió cuando empezó la reunión), antes de la oración final.

# PRIMERA SEMANA: Aprendan de Mí

# PRIMERA SEMANA: Aprendan de Mí

## 1er Día

*[Jesús les dijo a sus discípulos:]*
*"Aprendan de mí que soy paciente*
*de corazón y humilde."*

MATEO 11:29

[Jesús] nunca escribió un libro. . . .
Nunca fue propietario de una casa. . . .
Nunca fue más allá de unas
doscientas millas del lugar donde nació. . . .
Aún era joven cuando la corriente de la
opinión popular se volvió en contra suya. . . .
El fue clavado a una cruz. . . .
Cuando falleció, lo bajaron de la cruz
y lo pusieron en una tumba prestada. . . .
Han pasado diecinueve siglos,
y hoy día es el personaje central
de la raza humana. . . .
Yo sé que estoy en lo cierto cuando
digo que todos los ejércitos del mundo . . .
no han afectado la vida del hombre
en la Tierra de una forma tan profunda
como esta Solitaria Vida.

ANÓNIMO

¿Qué es lo que más me atrae hacia Jesús?

*Cuando Jesús me enseña a*
*cantar su canción, ¿cómo puedo*
*no cantarla?*

ANÓNIMO

PRIMERA SEMANA: Aprendan de Mí

2do Día ______________________________

*[Dijo Jesús:] "El que cree en mí,*
*en realidad no cree en mí*
*sino en aquel que me ha enviado.*
*El que me ve, ve al que me envía."*
JUAN 12:44–45

Hay un viejo poema que cuenta que a una joven
se le dijo que Dios vivía en los confines
del mundo, en lo alto de la montaña.
Ella se fue a la montaña y empezó a subir
para llegar a la cima. Mientras que
ella estaba subiendo, Dios se puso a pensar,
"¿Qué puedo hacer para mostrar a los pueblos
del mundo que yo los amo?"
Dios dijo, "¡Ya se! Bajaré de la montaña
y viviré entre ellos."
Entonces, cuando la joven llegó
a lo alto de la montaña, ella no encontró a Dios,
y pensó para sus adentros, "¡Dios no vive aquí!
Quizás ni siquiera existe Dios."
Lo que nos dice el poema es lo siguiente:
Hemos buscado a Dios en el lugar equivocado.
Nos olvidamos que Dios vino al mundo,
desde los cielos, para vivir entre nosotros.

¿Dónde busco yo a Dios?
¿Dónde más puedo buscarlo?

*Dios habita en todo lugar donde*
*lo dejemos entrar.*
DICHO JUDÍO ANTIGUO

## 3er Día

*[Pedro les dijo a la multitud*
*durante la fiesta de Pentecostés:]*
*"Dios ha hecho Señor y Cristo a este Jesús*
*a quien ustedes crucificaron."*
*Al oír esto, se afligieron profundamente.*
*Dijeron: . . . "Hermanos, qué debemos hacer?"*
*Pedro les contestó:*
*"Conviértanse y háganse bautizar cada uno*
*de ustedes en el Nombre de Jesucristo."*

HECHOS 2:36–38

Un misionero estaba mostrando algunas
vistas de la vida de Jesús a unos cristianos.
Cuando mostró la vista de la crucifixión,
alguien gritó, "Yo soy el que debo estar
allí en la cruz, Jesús, no tú."
Cuando nos damos cuenta de nuestro papel
en la crucifixión de Jesús, no podemos
dejar de sentirnos afectados profundamente,
al igual
como fue afectada la multitud en Pentecostés.
Entonces la única respuesta posible
para nosotros
es arrepentirnos y empezar a vivir para Jesús.

¿Qué debo hacer para percatarme mejor de
mi papel en la muerte de Jesús?

*El arrepentimiento . . . no es despreciarse a sí mismo, sino el amar a Dios.*

FULTON J. SHEEN

PRIMERA SEMANA: Aprendan de Mí

4to Día ______________________________

*[Dijo Jesús:] El que me ha visto a mí*
*ha visto al Padre."*

JUAN 14:9

Una jovencita preguntó,
"¿Cómo podemos saber que Jesús poseía
un conocimiento único de Dios?"
Todo depende de quién es Jesús.
Ningún otro líder religioso en la historia
sostuvo lo que Jesús sostenía.
Buda rehusó a que se le llamara "divino."
Muhammad reconoció ser un pecador.
Moisés nunca pensó
identificarse con Dios.
Jesús es el único líder que se atrevió a
decir, "El que me ha visto a mi,
a visto al Padre."
Si lo que dijo Jesús era verdad,
entonces sus seguidores pueden afirmar que
ellos tienen un conocimiento único de Dios.

¿Qué es lo que más me convence que
Jesús es quien El afirmaba ser?

*Si Jesús fuese a venir hoy*
*la gente no lo crucificaría.*
*Lo invitarían a comer,*
*escucharían lo que tiene que decir,*
*y se burlarían de El.*

THOMAS CARLYLE

## 5to Día

*Alégrense . . .*
*sufrir varias pruebas.*
*Su fe saldrá de ahí probada,*
*como el oro que pasa por el fuego.*
1 PEDRO 1:6–7

El periodista Hugh Kay le dio
este consejo a un joven que
tenía problemas acerca a su fe:
"La oscuridad que enfrentas es,
en sí misma, una experiencia muy rica.
Si es que tu realmente quieres conocer
a nuestro Señor,
entonces debes buscarlo
bajo los olivos, a la luz de la luna.
Lo vas a encontrar tendido en el suelo,
y te vas a tener que echar junto a El
si es que quieres escuchar sus palabras."

¿A cuál suceso del Evangelio se refiere
Kay y qué es lo que quiere decir "te vas
a tener que echar junto a El [Jesús]
si es que quieres escuchar sus palabras?"
¿Cuál problema de fe me preocupa a veces?

*¿Qué es lo que entiendo en estas*
*palabras de Kahlil Gibran:*
*"La duda es una pena demasiado*
*solitaria para*
*darse cuenta que la fe es su*
*hermana melliza"?*

PRIMERA SEMANA: Aprendan de Mí

6to Día ______________________________

*El Padre ama al Hijo*
*y pone todas las cosas en sus manos.*
*El que cree en el Hijo*
*vive de vida eterna.*

JUAN 3:35–36

Mike Morán era un piloto naval de helicóptero. Un día, mientras que les explicaba a sus padres todo lo relacionado a su helicóptero, les dijo, "A pesar que estas máquinas son tan complejas, sus rotores giratorios son sostenidos por una simple tuerca hexagonal." Luego, dirigiéndose a su mamá, dijo, "Adivina cómo se llama esta tuerca, mamá." Ella alzo los hombros, sin saber que decir. El sonrió y le dijo, "esa tuerca se llama la 'tuerca de Jesús.' "

¿Hasta qué punto Jesús mantiene unida mi vida? ¿Qué parte de mi vida aún no está bajo su control? ¿Cuál es el paso que debo dar para dejar que Jesús empiece a tomar control de esta parte de mi vida?

*Jesús es el camino del extraviado.*
*El es el pan del hambriento.*
*El es el sostén del débil.*
*El es el compañero del solitario.*
*El es el faro de esperanza para todos.*

## 7mo Día

*[Dijo Jesús:]*
*"Mi Padre puso todas las cosas en mis manos . . .*
*Nadie conoce . . . al Padre*
*sino el Hijo y aquellos a los que el Hijo quiere*
*dárselo a conocer. . . . Aprendan de mí que*
*soy paciente de corazón y humilde."*
MATEO 11:27, 29

La película *Lady Sings the Blues*
narra la vida de la cantante Billie Holiday.
Diana Ross, quien hace el papel de Billie,
dijo que se pasó meses
preparándose para ese papel.
Leyó miles de páginas acerca de la vida
de Billie, y, por horas de horas, escuchó las
canciones de Billie.
"Yo me comprometí a hacer el mejor trabajo
posible," dijo ella, "traté por todos los medios
de conocerla lo más que pude."

El compromiso de Diana de
hacer que Billie volviera a vivir en la pantalla
sirve de modelo para el compromiso que
tengo yo de hacer que Jesús viva
nuevamente en nuestro mundo.
Esto me incita a preguntar, ¿estoy tan
comprometida para aprender acerca de
Jesús, como lo estaba Diana para aprender
acerca de Billie?

*Paren y reconozcan que soy Dios*
SALMO 46:10 (Grail)

# SEGUNDA SEMANA:
Sígueme

# SEGUNDA SEMANA: Sígueme

## 1er Día

*[La Palabra] . . . era luz para los hombres.*
*La luz brilla en las tinieblas,*
*y las tinieblas no pudieron vencer la luz.*

JUAN 1:4–5

Un artista pintó un cuadro donde se ve
a una persona solitaria remando un barco,
de noche, en medio del océano.
Al fondo se puede divisar
una estrella solitaria.
La impresión que uno tiene al ver el cuadro
de la persona solitaria y la estrella solitaria,
es la siguiente:
Si la persona en el barco perdiese de vista
a aquella estrella solitaria en el cielo,
ésta estaría totalmente perdida.
Lo que la pintura dice de esta persona,
también se puede decir de mí:
Si alguna vez en mi vida pierdo
de vista a Jesús,
yo también estaría totalmente perdida.

¿En qué ocasión estuve a punto de perder
de vista a Jesús en mi vida?
¿Qué es lo que lo mantuvo allí?

*Jesús, sé una estrella brillante delante de mí.*
*Sé un despertar silencioso detrás de mí.*
*Sé una senda ondulante bajo mis pies.*
*Sé un rayo de luz dentro de mí.*
*Sé todas estas cosas—ahora y para siempre.*

ANÓNIMO

SEGUNDA SEMANA: Sígueme

2do Día ______________________

*[Bernabé y Saulo fueron a la ciudad de Antioquía.]*
*En esta Iglesia estuvieron los dos*
*un año entero, y enseñaron*
*la doctrina cristiana a mucha gente.*
*En Antioquía fue donde por primera vez*
*los discípulos recibieron el nombre de cristianos.*

HECHOS 11:26

Una señora estaba vigilando la distribución
de ropa a la gente de la calle.
De pronto, se le ocurrió pensar,
"¿Qué se sentirá al vestir las ropas de otra
persona? ¿Qué se sentirá al caminar
en los zapatos de otro?"
En éso se le ocurrió:
Eso es lo que significa el Cristianismo.
Se trata de caminar en los zapatos de otro:
los zapatos de Jesús.
Se trata de ir donde Jesús iría y
hacer lo que Jesús haría.
Se trata de ser Jesús en el mundo actual.

¿Qué tan bien me siento de caminar
en los zapatos de Jesús?
¿En qué lugar me aprietan más?

*Cada personaje tiene un manantial interno*
*deja que Jesús sea ese manantial.*
*Cada acción tiene un principio fundamental,*
*deja que Jesús sea ese principio.*

HENRY DRUMMOND

SEGUNDA SEMANA: Sígueme

3er Día

*Así dice Yavé:*
*"Llega el día en que yo haré surgir*
*un hijo de David que se protará como rey*
*justo y prudente. . . .*
*En aquel tiempo, Judá gozará de paz. . . .*
*Este es el nombre que le dará:*
*Yavé-nuestra-justicia."*

JEREMÍAS 23:5–6

"No es suficiente conocer a Cristo.
No es suficiente tener el convencimiento de
que El es el Salvador del mundo.
No es suficiente afirmar nuestra fe en El
como lo hacemos en el Credo de
los Apóstoles.
Tu no crees verdaderamente en Cristo
hasta que no hayas hecho el compromiso
de ofrecer tu vida a El
y a recibirlo como tu Salvador."
BILLY GRAHAM

En forma concreta, ¿qué significa la frase "recibir a Jesús como mi Salvador"?

*La salvación no es algo que*
*se hace para ti, sino más bien*
*algo que sucede dentro de ti.*
*No es el borrar el expediente en una corte,*
*sino más*
*bien es la transformación*
*de actitudes en la vida.*

ALBERT W. PALMER

SEGUNDA SEMANA: Sígueme

4to Día ________________________

*[Dijo Jesús:]*
*"Ahora, me voy a juntarme con el que me envió. . . . [y] los llena de tristeza.*
*En verdad, les conviene que yo me vaya,*
*porque si no me voy, el Intercesor*
*[El Espíritu Santo] no vendrá* a ustedes."
JUAN 16:5–7

Un joven hindú y un joven cristiano estaban asistiendo a un mismo seminario sobre el Sermón de la Montaña de Jesús. Muy pronto se hicieron buenos amigos. Un día el hindú le dijo al cristiano, "Yo sé en que forma el Sermón de la Montaña de Jesús afectó a Gandhi e influenció su vida, pero me temo que sus enseñanzas son muy difíciles y excelsas para la gente común." Casi al final del seminario, el hindú encontró la respuesta a su dilema. Las enseñanzas de Jesús eran excelsas de verdad, pero no había puesto atención a la promesa que hizo Jesús de enviar al Espíritu—quien nos daría las facultades para poder vivirlas.

¿Con qué frecuencia me vuelvo al Espíritu para pedir guía y apoyo?

*Allí donde falla el espíritu humano,*
*lo colma el Espíritu Santo.*
ANÓNIMO

## SEGUNDA SEMANA: Sígueme

### 5to Día

*[Dijo Jesús:] "Ningún servidor puede quedarse con patrones, porque verá con malos ojos al primero y amará al otro, o bien preferirá al primero y no le gustará el segundo. Ustedes no pueden servir al mismo tiempo a Dios y al Dinero."*

MATEO 6:24

Una mujer estaba lista para meterse
bajo la ducha.
Ella tenía un pie dentro de la tina y el otro
fuera de ella, pisando la alfombra del baño.
Mientras que se encontraba en esta incómoda
posición, ella pensó para sus adentros,
"Este es un buen reflejo de mi vida."
Ella quería dedicar su vida a Jesús,
pero nunca lo podía hacer de verdad.
Siempre estaba con un pie adentro
y el otro afuera.
Ahora había llegado el momento de decidir.
Se quedó pensando por un buen rato.
Luego, respirando profundamente,
dijo en voz alta, "¡Te escojo a ti, Jesús!"
Diciendo éste, se metió en la tina.
Ella sintió como si la estuviesen bautizando.

¿Hay algún momento en mi relación
con Jesús, en donde yo sigo siendo indeciso,
teniendo un pie afuera y el otro adentro?

*El no decidir es decidir.*

HARVEY COX

# SEGUNDA SEMANA: Sígueme

## 6to Día ______________________

*[Jesús dijo que la profecía*
*del Mesías se aplicaba a él.]*
*Al oír estas palabras,*
*todos en la sinagoga [en Nazaret]*
*se indignaron*
*[y le recharon a Jesús violentamente.]*
LUCAS 4:28

El rechazo que sufrió Jesús
por gente de su propio pueblo
nos da a entender lo que iba a suceder
más adelante; éste es,
la manera de cómo iban
a rechazar a Jesús—hasta con violencia.
Hoy día, la gente todavía rechaza a Jesús
y sus enseñanzas.
Cuando le preguntaron a un estudiante de
secundaria, por qué no seguía a Jesús,
él dijo abiertamente, "Porque si lo hago,
muchos de mis amigos me rechazarían—
así como muchos de los amigos de Jesús
lo rechazaron. Y no creo que yo esté
preparado para sufrir esta clase
de rechazo en estos momentos."

En el pasado ¿cuánto peso tuvo la opinión
de mis amigos cuando quise seguir a Jesús?
¿Cuánto peso tiene en la actualidad?

*Perdemos tres cuartas partes de nosotros*
*cuando queremos ser como otros.*
ARTHUR SCHOPENHAUER

## SEGUNDA SEMANA: Sígueme

### 7mo Día

*Dios es fiel: no les faltará después de haberlos llamado a esta comunión con su Hijo, Cristo Jesús, nuestro Señor.*
1 CORINTIOS 1:9

Hay un poema que compara el seguir a Jesús a dos personas que van en una bicicleta para dos. "Primero yo me sentaba adelante y Jesús atrás. Yo no lo podía ver, pero sabía que estaba allí. Yo sentía que El me ayudaba cuando el camino se ponía peligroso. Luego, un día Jesús y yo cambiamos de asiento. De pronto, el camino se puso todavía peor. Cuando yo estaba manejando la bicicleta, el paseo era fácil de predecir—hasta era aburrido. Pero cuando Jesús manejaba, ¡realmente se volvió algo tremendo! Casi no me podía sostener. '¡Esto es una locura!' dije yo. Pero Jesús sólo sonreía y me decía, 'Pedalea.' Así que aprendí a callarme la boca y a pedalear—y a tener plena confianza en mi compañero de bicicleta. ¡Ay! Todavía hay momentos en los que me agarra el miedo y quiero dejar todo, pero Jesús me mira, sonriendo toca mi mano, y me dice '¡Pedalea!' "

¿En qué área en particular yo encuentro que es difícil confiar en mi compañero de bicicleta?

*Quizás yo pudiese confiar muy poco en Jesús, pero nunca pudiese confiar en demasía.*
ANÓNIMO

# TERCERA SEMANA: Tu Luz Debe Brillar

# TERCERA SEMANA: Tu Luz Debe Brillar

## 1er Día

*[Antes de ascender al cielo,*
*Jesús les dijo a los discípulos:]*
*"Van a recibir una fuerza, la del Espíritu Santo,*
*que vendrá sobre ustedes, y serán mis testigos*
*en Jerusalén, en toda Judea y Samaria,*
*y hasta los límites de la tierra."*

HECHOS 1:8

Un momento importante en las carreras de postas es cuando un corredor pasa la posta a otro corredor. Más que en cualquier otro momento, muchas carreras se ganan o se pierden en esos momentos críticos. Lo que sucedió en Pentecostés puede ser comparado a este momento crucial. La posta del reino de Dios es pasada de manos de Jesús a los discípulos. Ellos han de completar la labor que El empezó cuando vivía entre nosotros.

¿Qué es lo que yo pienso cuando me imagino que estoy tomando la posta del reino de Dios de manos de Jesús?

*Dios me ha creado*
*para prestar un servicio definido.*
*El me ha encargado un trabajo a mi*
*que no se lo ha encargado a otro.*

JOHN HENRY NEWMAN

TERCERA SEMANA: Tu Luz Debe Brillar

2do Día ______________________

*[Jesús les dijo a sus discípulos:*
*"Cuando venga el Defensor,]*
*ustedes . . . hablarán en mi favor,*
*pues han estado conmigo desde el principio."*
JUAN 15:27

El otro estrella de fútbol de la Universidad de Pennsylvania, D.J. Dozier, se arrodilló y rezó cuando marcó puntos en la *Fiesta Bowl*. Su acción inmediatamente suscitó muchas críticas. Un amigo de él, el pateador de pelota, R.D. Lashar, salió en su defensa y dijo, "Antes y después de dar cada patada, yo me arrodillo y rezo. ¡El día que alguien me diga que yo no puedo rezar, ese mismo día dejo de jugar! Este es un país libre."
El aficionado al deporte, Mark Roberts, escribió, "Que agradable es ver a alguien quien hace algo distinto a esos bailes tontos . . . o a alguien quien hace alarde de un tremendo ego."

¿De qué manera doy testimonio eficaz de Jesús, ya sea en mi trabajo o actividades personales? ¿Por qué creo yo que es eficaz?

*Cada creyente en este mundo*
*debe convertirse en una chispa de luz.*
PAPA JUAN XXIII

TERCERA SEMANA: Tu Luz Debe Brillar

3er Día

*Dios no nos dio un espíritu de timidez. . . .
No te avergüence del testimonio que tienes
que dar de nuestro Señor.* 2 TIMOTEO 1:7–8

Una profesora tenía un afiche tapado por un papel. Ella les dijo a sus alumnos que cortaran con tijeras un pedazo del afiche.
"Lleven su pedazo a la casa, pero no vean lo que es," les dijo. "Tráiganlo de regreso el próximo domingo." Al siguiente domingo, los estudiantes regresaron
para armar el afiche. Pero, para su sorpresa, al afiche le quedó un tremendo hueco.
La profesora, abrazando a la estudiante que se había olvidado de su pedazo, le dijo, "Que bueno que te olvidaste, puesto que éste nos va a enseñar, mucho mejor de lo que pensaba, cuan importante somos cada uno de nosotros dentro del plan de Dios.
Cada uno de nosotros somos llamados a dar testimonio de Jesús de una manera particular; y si es que olvidamos éste, el plan de Dios sufre y pierde su belleza,
al igual que este afiche."

¿Cómo puedo dar mejor testimonio de Jesús en mi trabajo actual o en mis actividades?

*Diez genios musicales aunque toquen bellísimamente,
no pueden tocar una sinfonía.
Sólo una orquesta* completa *lo puede hacer.*

4to Día ______________________________

*[Después de expulsar un espíritu maligno*
*de una persona,*
*Jesús dijo:] "Vete a tu casa, con los tuyos,*
*y cuéntales lo que el Señor ha hecho contigo,*
*y cómo ha tenido compasión de ti."*
*El hombre se fue. . . .*
*y todos quedaban admirados.*

MARCOS 5:19–20

El joven Ruddell Norris sabía bien
que cada cristiano ha sido llamado
a difundir la Buena Nueva del Evangelio,
a través del bautismo y de la confirmación.
El problema de Ruddell era que él siempre
fue muy tímido; pero la solución que
encontró para su problem
a fue muy ingeniosa.
El invirtió parte de sus propinas
en folletos sobre religión y los
dejó en las salas de espera de los hospitales
y en otros lugares apropiados.
Un buen día, él escuchó que alguien dijo,
"Mi introducción a la iglesia
fue a través de un folleto que encontré
en la sala de espera de un hospital."

¿Qué cosa es lo que no me permite
hacer lo mismo que hizo Ruddell?

*No es suficiente para mí amar a Dios,*
*si es que mi vecino no ama a Dios.*

SAN VICENTE DE PAUL

## 5to Día

*El que endereza a un pecador*
*de su mal camino,*
*salvará su alma de la muerte.*
SANTIAGO 5:20

Una noche, la escritora Irene Champernowne estaba caminando por la playa. En éso, vio a unos niños quienes estaban tirando piedras a una pobre gaviota herida.
Ella se detuvo y, con su voz llena de bondad, les dijo, "Esa pobre gaviota debe estar sufriendo mucho."
Luego les preguntó a cada uno cómo se sentirían ellos si estuviesen heridos y otras personas los hicieran sufrir aún más.
Media hora más tarde, cuando Irene regresaba de su caminata por la playa, se alegró mucho al ver que los niños estaban dándole de comer a la gaviota y le habían construido una "casita" para que pasará la noche.

¿Puedo acordarme de algún momento de mi vida cuando yo protesté de una manera firme y constructiva acerca de algo que estaba mal?

*Quizás haya momentos*
*en los cuales nos sintamos impotentes*
*de prevenir que se cometa una injusticia,*
*pero nunca debe haber momentos*
*en los cuales dejemos de protestar por ella.*
ELIE WIESEL

6to Día ______________________

*[Jesús estaba parado en la playa
viendo a Pedro y algunos discípulos
regresando de una mala noche de pesca.
Jesús dijo:]
"Echen la red a la derecha,
y encontrarán pesca."
Echaron la red y se les hicieron pocas las
fuerzas para recoger la red tan grande era
la cantidad de peces.*

JUAN 21:6

En el libro de Stuart Hample y Eric Marshall, *Children's Letters to God: The New Collection*, hay una carta maravillosa:

"Dios:
la gente mala se reía de Noé—
Tonto, has construido un arca en tierra
firme. Pero Noé fue muy inteligente
y cumplió con lo que le dijiste;
yo también haría lo mismo.
Eddie"

Eddie también quería cumplir con lo que le dijo Dios, aunque la gente se "ría" de él. ¿Cuánto deseo tengo yo de cumplir con Jesús aunque la gente se "ría" de mi por cumplir con El?

*Cuando el mundo aparezca como lo peor,
los cristianos deben lucir como lo mejor.*

ANÓNIMO

## 7mo Día

*[Dijo Jesús:] "Una semilla de mostaza,*
*cuando se la siembra, crece y . . .*
*se hace más grande que todas*
*las plantas del huerto.*
*Entonces echa ramas tan grandes*
*que los pájaros del cielo pueden refugiarse*
*bajo su sombra."*

MARCOS 4:31–32

Rosa Parks era una costurera de raza negra. Un día en Alabama, en 1955, ella fue arrestada, esposada y encarcelada por rehusarse a ceder su asiento a otro, ya que el autobús estaba reservado para los blancos. Este episodio resultó ser la semilla de la cual creció el movimiento de los derechos civiles en el país. Diez años más tarde, en el Festival de la Libertad, a Rosa se le dio el título de "La Primera Dama del Movimiento de los Derechos Civiles."

¿Por qué creo (o no creo) que una persona pueda cambiar las cosas en el mundo actual?

*¿Dónde nace el mañana?*
*¿Dónde empieza el futuro?*
*En un día laboral en invierno.*
*En el corazón de una mujer negra.*

EVE MERRIAM

# CUARTA SEMANA: Oren

# CUARTA SEMANA: Oren

## 1er Día

*[Marta se quejó con Jesús porque María lo escuchaba mientras ella trabajaba. Jesús dijo:] "Marta, Marta, . . . María escogió la parte mejor, la que no le será quitada."*

LUCAS 10:41–42

Un fraile joven tenía ciertas preguntas
respecto al lema escogido por la orden:
"Orar y Trabajar". Un día el abad
lo invitó a cruzar el lago a remo.
El abad remó primero—pero sólo con un remo.
Como resultado, el barco giraba dando vueltas.
El fraile joven le dijo, "Abad, a menos que
usted reme con los dos remos,
no vamos a llegar a ninguna parte."
El abad respondió, "¡Ah!
¡Cuánta razón tienes, hijo!
El remo de la derecha es la oración, y el remo
de la izquierda es el trabajo.
A menos que mantengas un balance
entre los dos, y sepas usarlos juntos,
vas a terminar dando vueltas y vueltas."

¿Cuál es el balance que yo trato de mantener entre mi trabajo y la oración? ¿Cómo puedo estar seguro que es el balance adecuado?

*Cada cristiano necesita por lo menos diez minutos de oración cada día, excepto cuando se encuentre muy ocupado. En ese caso, va a necesitar, por lo menos, veinte minutos.*

ANÓNIMO

## CUARTA SEMANA: Oren

2do Día ______________________________

*[Una noche, Jacob dormía abajo de las estrellas.*
*En un sueño, el vio a Dios.]*
*Despertó Jacob de su sueño y dijo:*
*"Yavé está realmente en este lugar y yo no lo sabía." [Ese sueño cambió su vida entera.]*

GÉNESIS 28:16

Un estudiante de secundaria
escribió en su tarea escolar:
"Yo estaba esquiando, descendiendo una loma, cuando repentinamente sentí que debía detenerme. Hasta ahora no sé por qué lo hice—fue como si alguien me hubiese dicho, "Chris, ¡detente!"
Todo estaba silencioso y bellísimo;
el cielo estaba tan azul, la nieve tan blanca
a mi alrededor, y los árboles de cedro
me rodeaban por todas partes.
Mientras que estaba contemplando el paisaje,
me sobrecogió un sentimiento muy extraño
y un extraordinario pensamiento
lleno mi ser:
"¡Dios está en este lugar! Fue una experiencia que nunca he podido olvidar."

¿Cuál ha sido la experiencia más parecida a ésta que yo haya tenido, y que se parezca a la de Jacob y a la del estudiante?

*Siempre he considerado a la naturaleza*
*como la vestimenta de Dios.*

ALAN HOVHANESS

# CUARTA SEMANA: Oren

## 3er Día

*Se juntó . . . tanta gente [alrededor de Jesús]*
*que ni siquiera [podía] comer.*
*Al enterarse sus parientes de todo lo anterior,*
*fueron a hacerse cargo de él,*
*porque decían: "Se ha vuelto loco."*

MARCOS 3:20–21

J.D. Salinger escribió una historia llamada
"Teddy." Se trata de una persona joven
quien encuentra que es casi imposible
vivir una vida espiritual en el mundo de hoy.
Teddy dice:
"Lo que quiero decir es que es muy difícil
meditar y vivir una vida espiritual
en América.
La gente cree que eres medio raro. . . .
Mi papá piensa que, en cierta forma,
soy medio raro.
Y mi mamá—
bueno, ella piensa que no es bueno que yo
esté pensando en Dios todo el tiempo."
Jesús también tuvo este problema
con muchos de sus amigos y familiares.

¿Cómo reaccionán las personas cuando ven
que trato de vivir una vida espiritual en el
mundo actual?

*Cada vez que te encuentres*
*de parte de la mayoría, es tiempo*
*que hagas una pausa y reflexiones.*

MARK TWAIN

# CUARTA SEMANA: Oren

4to Día ______________________________

*[Jesús rogó por los discípulos, diciendo:]*
*"Cuando estaba con ellos,*
*los guardaba en tu Nombre y cuidaba de ellos . . .*
*Ahora vuelvo a ti y . . . te pido . . .*
*que los defiendas del Maligno."*

JUAN 17:12–13, 15

El orar es como enchufar el cordón de
una lámpara al tomacorriente de la pared.
La corriente eléctrica no se crea
al enchufar el cordón al tomacorriente.
Simplemente hace contacto con ella.
Hace que la corriente eléctrica
fluya desde el tomacorriente, a través
del cordón, a la lámpara.
Lo mismo sucede cuando oramos.
La oración no crea el poder divino.
Simplemente hace contacto con él.
Hace que el poder divino
fluya desde Dios, a través nuestro,
a las vidas de los demás.

¿Qué es lo que yo debo hacer si es que siento que cuando rezo no hago contacto con Dios?

*Todo aquel que haya perdido contacto con Dios vive en el mismo callejón sin salida que aquellos que niegan a Dios.*

MILTON MARCY

## 5to Día

*El amigo fiel es refugio seguro;*
*el que le encontró ha hallado un tesoro.*
*Que pagarías por tener un amigo fiel?*
*No tiene precio.*

SIRACIDES 6:14–15

El autor Robert Veninga describe al grupo de apoyo de Alcohólicos Anónimos en su libro *A Gift of Hope*. El dice así: "La amistad entre estos siete hombres es uno de los lazos de amistad más fuerte que yo haya visto. . . . Inclusive, cuando los ejecutivos vuelan en viaje de negocios, ellos se aseguran regresar a casa a fin de poder asistir a la reunión del sábado en la noche. Por nada se pierden esta valiosa reunión."

¿Puedo recordar algún sacrificio que haya hecho yo a fin de no perder una reunión con mis amigos del grupo de oración?

*Lo glorioso de la Amistad*
*no es que te tiendan la mano,*
*ni que te den una sonrisa bondadosa,*
*ni tampoco la alegría de tener compañía;*
*es más bien la inspiración espiritual*
*que sentimos cuando nos damos cuenta*
*que alguien cree en nosotros y*
*está dispuesto a darnos su confianza.*

RALPH WALDO EMERSON

CUARTA SEMANA: Oren

6to Día ______________________________

*[Jesús], tirándose en el suelo hasta tocar la tierra con su cara, hizo [una] oración.*
MATEO 26:39

Tres ministros estaban discutiendo acerca de la mejor postura para orar. El primero dijo, "Yo he tratado todas las posturas y la mejor es de rodillas." El segundo dijo, "Eso puede ser cierto, pero la mayoría de los místicos orientales recomiendan sentarse en el suelo, con las piernas cruzadas." El tercero dijo, "La mejor manera de orar es cerrando los ojos." Un electricista que estaba trabajando allí cerca los escuchó discutir y les dijo, "Muchachos, no sé que valor le den a lo que les voy a decir, pero la mejor manera de orar para mí fue cuando estuve colgado de una pierna desde lo alto de un poste telefónico, en medio de una tormenta.

¿He experimentado rezar cambiando de postura? Por ejemplo, ¿alguna vez he rezado, en voz alta, la oración que se reza antes de la meditación? ¿Alguna vez he rezado alzando los ojos al cielo?

*Ahab cruzó sus grandes manos morenas delante de su pecho, elevó sus ojos cerrados y ofreció una oración con tan devoción que parecía que estaba arrodillado, rezando, en el fondo del océano.*
HERMAN MELVILLE, *Moby Dick*

## CUARTA SEMANA: Oren

### 7mo Día

*[Jesús dijo una parábola de una viuda quien perseveró en suplicar por un largo tiempo con un juez para que le ayudará con seguir sus derechos. El finalmente estaba de acuerdo diciéndose a si mismo:] "Esta viuda me molesta tanto que le voy a hacer justicia; así ya no volverá a romperme la cabeza." [Jesús terminó la parábola diciendo que debemos perseverar rezando a Dios como la mujer pidió ayuda.]*

LUCAS 18:3–5

El psiquiatra suizo, doctor Paul Tournier, se acuerda perfectamente del día en que decidió pasar una hora rezando y, a raíz de eso, sufrió una conversión. Fue una experiencia aburrida e insulsa. Pero cuando terminó la hora, algo le dijo que siguiera rezando un poco más. Así lo hizo, y cuando terminó, sintió la presencia de Dios en tal forma, que ésta cambió su vida. Se sobrecogía al pensar que, por poco, casi pierde esta experiencia.

¿Qué es lo que me impulsa a seguir rezando, cuando todo parece imposible y mi corazón rehusa cooperar?

*El amor puro y la oración se aprenden en el momento cuando la oración se hace imposible y tu corazón se ha vuelto de piedra.*

THOMAS MERTON

# QUINTA SEMANA: Hagan Esto en Memoria Mía

## QUINTA SEMANA: Hagan Esto en Memoria Mía

### 1er Día

*Este pueblo me honra con la boca,*
*pero su corazón está lejos de mí.*
MATEO 15:8

Una mujer tuvo un sueño muy extraño.
Un ángel la llevó a la iglesia a rendir culto.
El organista tocaba el órgano, y ella veía
que las teclas del órgano subían y bajaban,
pero no se escuchaba ninguna música.
El coro cantaba, y las bocas
de los cantantes se abrían y se cerraban,
pero no se escuchaba ninguna canción.
La congregación rezaba,
sus labios se movían, pero
no salía ningún sonido de sus labios.
La mujer volteó hacia el ángel y le dijo,
"¿Por qué no puedo escuchar nada?"
El ángel le dijo,
"No hay nada que escuchar."

¿Con cuánta fidelidad he tratado
de rendir culto a mi Dios y Salvador,
no sólo con mis labios, sino con
toda mi mente, alma y corazón?

*A Dios le debemos dar en*
*nuestros corazones, el mismo*
*lugar que ocupa en el universo.*
ANÓNIMO

## QUINTA SEMANA: Hagan Esto en Memoria Mía

2do Día ______________________

*La iglesia es el cuerpo de Cristo. . . .*
*Cristo es la cabeza del cuerpo, que es la iglesia.*
*En Cristo . . . estamos unidos unos a otros*
*como partes de un mismo cuerpo.*
*Dios nos ha dado diferentes dones,*
*según lo que él quiso dar a cada uno.*
EFESIOS 1:22, COLOSENSES 1:18, ROMANOS 12:5–6
(Dios Llega al Hombre, Nuevo Testamento)

Una estudiante universitaria
le dijo a una amiga,
"Aunque yo no creo en la iglesia,
sí creo en Jesús Resucitado."
Su amiga le dijo,
"¿Cómo puede ser eso posible?
¿Cómo puedes separar a Jesús Resucitado
de su iglesia?
¿Acaso el Espíritu Santo no los unió
a los dos en un sólo cuerpo
durante Pentecostés?
El tratar de separar a estos dos,
¿no es acaso como tratar de separar
nuestra cabeza de nuestro cuerpo?"

¿Qué respuesta le daría yo a su amiga?
¿En qué manera yo también pudiera estar
separando la cabeza (Cristo)
del cuerpo (iglesia)?

*Si tu no tienes a la iglesia como madre,*
*no puedes tener a Dios como padre.*
SAN AGUSTÍN

## 3er Día

*[Dijo Jesús:] "El reino de los Cielos*
*es semejante a una red que se echa al mar*
*y recoge peces de todas clases. Cuando está*
*llena, los pescadores la sacan a la orilla.*
*Ahí se sientan, escogen los peces buenos*
*y los echan en canastos,*
*y tiran los que no se pueden comer.*
*Así pasará al fin del mundo."*

MATEO 13:47–49

Jesús comparó a la iglesia con la red
que los pescadores tiran al mar.
La red acepta toda clase de peces.
Lo mismo pasa con la iglesia.
Ella acepta toda clase de personas:
gente buena, gente egoísta,
gente desconsiderada.
Cuando yo encuentre a esta clase de gente
en la iglesia, no me debo sorprender
ni molestar. Jesús dijo que eso iba a pasar.

¿En qué forma reacciono frente a gente
"imperfecta" quienes parecen portarse de
una forma dentro de la iglesia y de otra,
cuando están fuera de ella?
¿Qué puedo hacer para reaccionar en forma
más constructiva?

*Si tú encuentras una iglesia perfecta,*
*por favor, ¡únete a ella!*
*De esta forma, ya dejaría de ser perfecta.*

BILLY GRAHAM

4to Día ______________________________

*[Jesús les dijo a sus discípulos:]*
*"Sin mí no pueden hacer nada.*
*El que no se quede en mí,*
*será arrojado afuera*
*y se secará como ramas muertas."*
JUAN 15:5–6

Hay una vieja historia judía que cuenta que cierta mujer dejó de ir a la sinagoga. Un día el rabino fue a verla a su casa y le pidió que lo dejará entrar y que se sentarán juntos, cerca a la chimenea. Por mucho tiempo se sentaron en silencio. En eso el rabino cogió una tenazas grandes y sacó un carbón de la chimenea, y lo puso a un costado, en la falda de la chimenea. Ellos contemplaron el carbón y vieron, como poco a poco, se iba apagando y muriendo. Unos minutos más tarde, la mujer dijo "Entiendo lo que me quiere decir. Volveré a la sinagoga."

¿Conozco a alguien quien haya dejado de tener contacto con Jesús y a quien puedo ayudar como el rabino ayudó a la mujer? ¿Qué puedo hacer para ayudar a esa persona?

*El dibujó un círculo que me dejó afuera—*
*Herético, rebelde, alguien de quien burlarse.*
*Pero el amor y yo tuvimos el ingenio para ganar.*
*Dibujamos un círculo que lo incluyó a él.*
EDWIN MARKHAM, "Outwitted"

## 5to Día

*Cuando oyeron todo esto,*
*[Las enseñanzas de comiendo el cuerpo y sangre de Cristo] muchos de los que habían seguido a Jesús dijeron: "Este lenguaje es muy duro! . . ." y dejaron de seguirlo.*

JUAN 6:60,66

Muchos de nosotros hemos compartido la Cena del Señor desde que éramos niños. Pero francamente debemos admitir que éste no ha logrado que estemos, como hubiésemos querido, más cerca a Jesús o unos a otros. ¿Por qué? Quizás porque nosotros a veces consideramos la Cena del Señor como si fuera sólo un alimento: como el momento de recibir.
Nos olvidamos que también es un sacrificio: el momento de dar y perdonar.
Nos olvidamos que, a menos que caminemos con Jesús bajo la penumbra del Viernes Santo (sacrificio), no vamos a poder caminar con El, bajo la luz resplandeciente del sol de la Pascua (alimento).

¿Qué tan fiel soy al caminar con Jesús bajo la penumbra del Viernes Santo? ¿Qué puedo hacer para caminar con más fidelidad?

*El efecto que hay cuando recibimos*
*el cuerpo y sangre de Cristo*
*es que nos transforma en lo que recibimos.*

POPE SAINT LEO THE GREAT

6to Día ______________________________

*[Jesús] se puso a enseñar en la sinagoga. . . .*
*La gente, maravillada, se preguntaba:*
*"No es el hijo del carpintero? . . .*
*De dónde, pues, le viene todo esto?"*
MATEO 13:53–56

Una profesora preguntó a sus alumnos,
"¿Quién es la persona más importante que
está presente durante la homilía en la Misa?"
La mayoría de los estudiantes respondieron,
"¡El homilista!" Pero una niña dijo,
"Tres personas están presentes,
y las tres tienen igual importancia:
el homilista, yo, y el Espíritu Santo.
El homilista es muy importante.
Pero también es muy importante que yo
mantenga mi mente abierta a sus palabras.
Si yo no mantengo mi mente abierta a sus
palabras, no hay mucho que el homilista
pueda decir o hacer. Por otro lado,
si yo mantengo mi mente abierta,
el Espíritu Santo puede usar esas palabras
para hablarme a mí, aún cuando
el homilista fuese aburrido o sin ánimo."

¿Puedo pensar en un ejemplo para ilustrar
lo que quiso decir la niña?
¿Puedo pensar en alguna homilía que me
haya afectado?

*Habla, Yavé, que tu siervo escucha.*
1 SAMUEL 3:10

## 7mo Día

*Donde hay dos o tres se reunidos en mi Nombre, ahí estoy yo en medio de ellos.*
MATEO 18:20

El campamento para prisioneros Kwa Noi en Tailandia, fue un verdadero infierno para soldados norteamericanos e ingleses durante la Segunda Guerra Mundial. Un día, un par de prisioneros organizaron grupos para compartir la fe. La situación en ese campamento cambió drásticamente. Un prisionero recuerda el cambio de la siguiente manera. El se dirigía, renqueando, hacia su celda, ya tarde en la noche, después de una sesión Biblia. De pronto, él escuchó a un grupo de hombres quienes estaban cantando "Jerusalem Dorada." El escribió más tarde: "Las palabras de este himno viejo y grandioso . . . hizo que la oscuridad tuviese cara de amiga . . . La diferencia entre estos sonidos alegres y la triste quietud de los meses pasados, fueron como la diferencia entre la vida y la muerte." Esta es la diferencia que Jesús hizo—y aún hace—en nuestro mundo.

¿De qué forma ha hecho diferencia Jesús en mi vida?

*Yo tengo una gran necesidad de Cristo;*
*Yo tengo un gran Cristo para mi necesidad.*
CHARLES SPURGEON

# SEXTA SEMANA: Lávense los Pies Unos a Otros

# SEXTA SEMANA: Lávense los Pies Unos a Otros

## 1er Día

*[Antes de ascender a Dios,*
*Jesús les dijo a sus discípulos:]*
*"Vayan y hagan que todos los pueblos sean*
*mis discípulos. . . .*
*Yo estoy con ustedes todos los días."*
MATEO 28:19–20

Una señora vio a una niñita en la calle. Esta estaba pobremente vestida, malnutrida, y se encontraba jugando en la cuneta con un montón de basura. La mujer se molestó muchísimo y le dijo a Dios, "¿Por qué dejas que una cosa así suceda en este mundo que tu creaste? ¿Por qué no haces algo al respecto?" Dios le respondió, "Sí he hecho algo al respecto: te he creado a ti."

La historia me incita a preguntar, ¿que puedo hacer para responder mejor a la invitación de Jesús de transformar este mundo en la clase de lugar para el que fue creado?

*La Ascensión de Cristo*
*es su liberación de toda restricción*
*de tiempo y espacio.*
*No significa su desaparición de*
*la tierra, sino más bien su presencia*
*constante en cada lugar de ella.*
WILLIAM TEMPLE

2do Día ______________________

*[Jesús lavó los pies de sus discípulos diciendo:] "Ustedes deben lavarse los pies unos a otros."*
JUAN 13:14

Cuando trabajaba como voluntaria en una casa que acoge a jóvenes que se escapan de sus hogares, Ann Donohue sintiéndose muy molesta con Dios, le dijo, "¿Por qué no les muestras el amor que sus padres nunca les mostraron? ¿Por qué?" ¡En eso empezó a comprender! Dios quiere hacer éste por ellos. Pero Dios sólo puede hacerlo a través nuestro. Nosotros somos la voz de Dios; somos las manos de Dios; somos el corazón de Dios.

¿Qué es lo que encuentro más difícil para permitir que Dios hable con *mi* voz, alivie pesares con *mis* manos, y ame a los menos afortunados con *mi* corazón?

*Ya casi hemos llegado a Venus,*
*pero aún no hemos aprendido*
*a cohabitar juntos en la Tierra.*
*Hemos extendido nuestro promedio de vida*
*pero exterminamos a nuestros hermanos*
*y hermanas, seis millones a la vez.*
*Contamos con el poder para*
*destruir nuestras vidas y nuestro planeta.*
*No lo dudes, éso va a pasar—*
*si alguna vez dejamos de amar.*

HARPER LEE (adaptado)

3er Día

*[Dijo Jesús:] "El Rey responderá:*
*'En verdad les digo que, cuando lo hicieron*
*con alguno de estos más pequeños,*
*que son mis hermanos [hermanas],*
*lo hicieron conmigo.' "*

MATEO 25:40

Sandra Hook es una profesora canadiense.
Un verano se encontraba en la India
trabajando de voluntaria, entre los pobres,
con la Madre Teresa.
Un buen día le pidieron que bañara
a una mujer quien estaba cubierta de llagas.
Ella se estremeció con sólo pensarlo.
En eso se acordó lo que
la Madre Teresa les había dicho:
"Cuando ustedes toquen a los pobres,
tóquenlos de la misma manera que tocarían
al mismo Jesús."
En esos momentos, Sandra vio a la mujer
con los ojos de la fe y
no tuvo ninguna dificultad en bañarla.

¿Qué entiendo yo en la expresión
"con los ojos de la fe"?
¿Cómo puedo aprender a ver con esos ojos?

*Sólo cuando aprendamos a ver lo invisible,*
*podremos aprender a hacer lo imposible.*

FRANK GAINES (adaptado)

4to Día ______________________________

*[Dijo Jesús:]*
*"Les doy este mandamiento nuevo:*
*Que se amen unos a otros.*
*Ustedes se amarán unos a otros*
*como yo los he amado.*
*Así reconocerán todos*
*que ustedes son mis discípulos."*
JUAN 13:34–35

La película *La Strada* de Federico Fellini,
se estrenó en 1954 y se convirtió
en una película clásica.
En una escena inolvidable,
un payaso está hablando con una joven.
Ella le cuenta que está cansada de amar a
gente que no merece su amor
y que no saben amar, y dice
que no quiere saber nada más de ellos.
Cuando termina la conversación,
y la joven se prepara para irse,
el payaso le dice, "Pero si tú no amas
a esta gente, ¿quién los va a amar?"

¿Qué respuesta le daría yo al payaso?
¿Puedo recordar algún instante cuando yo
ayudé a una persona quien no me inspiraba
amor? ¿Qué es lo que me impulsó a hacerlo?

*Amar al mundo no cuesta mucho trabajo.*
*El problema es esa persona miserable*
*que vive junto a mi casa.*
ANÓNIMO

SEXTA SEMANA: Lávense los Pies Unos a Otros

______________________________ 5to Día

*[Pablo escribe:]*
*[Sea] el modelo de los creyentes*
*por tu manera de hablar,*
*tu conducta, tu caridad, tu fe y*
*la pureza de tu vida.*
1 TIMOTEO 4:12

El doctor Lloyd Judd había contraído cáncer.
Antes de morir,
él grabó una serie de cintas
para que sus hijos las oyeran
cuando estuviesen en edad de
apreciarlas.
En una de las cintas, él les preguntó,
"¿Están dispuestos a dejar sus tibias camas,
sintiendo que realmente necesitan descansar,
y levantarse a la media noche para manejar
veinte millas—
sabiendo que no van a recibir pago—
e ir a ver a alguna persona quien bien
puede esperar hasta la mañana siguiente? . . .
Si ustedes contestan "si" a esta pregunta,
entonces creo que sí están preparados
para iniciar sus estudios de medicina."

¿Cómo respondería yo a la pregunta del Dr.
Judd? ¿Cómo explicaría mi respuesta a
Jesús o al Espíritu Santo?

*Se nos ve más altos cuando nos agachamos*
*a levantar a los caídos.*
ANÓNIMO

6to Día ______________________________

*[Jerusalén] no ha hecho caso a [la] llamado*
*[de Yavé] . . .*
*nunca ha tenido confianza en Yavé*
*ni se ha acercado a su Dios.*

SOFONÍAS 3:2

George Burns hizo el papel de Dios
en la película *¡Oh, God!*
En esa misma película, John Denver hizo
el papel de un empleado del supermercado.
Un día Dios le dio a ese empleado
un mensaje para el resto del mundo.
Fue casi imposible hacer que la gente
le creyera el mensaje.
La gente ridiculizaba al empleado
llamándolo "loco religioso."
El se molestó mucho
y se quejó amargamente a Dios.
La reacción del empleado fue muy parecida
a la reacción de Jerusalén
en la lectura de hoy.
En vez de confiar y pedir ayuda,
él simplemente se molestó y se quejó.

¿En qué forma reacciono yo cuando presto
servicios a Dios y encuentro algún problema?

*No temas ni te asustes,*
*porque contigo está Yavé, tu Dios,*
*adonde quiera que vayas.*

JOSUÉ 1:9

## 7mo Día

*[Dijo Dios a Israel:]*
*Yo quiero amor, no sacrificios,*
*y conocimiento de Dios.*

OSEAS 6:6

El director de cine Jean-Jacques Arnaud
dijo que la película *Quest for Fire*
satisfizo el sueño de toda su vida.
Esta película celebraba el
descubrimiento del fuego,
lo cual sucedió hace 80,000 años—
este fue un descubrimiento que salvó de la
extinción a la raza humana.
En la actualidad, mucha gente cree que, una
vez más, estamos al borde de la extinción.
Solo una cosa nos puede salvar:
el redescubrimiento del amor—
la clase de amor de la cual habla Dios
en la lectura de hoy.
La gente se pregunta,
"En unos 80,000 años más,
hará alguien una película que celebre el
redescubrimiento del amor, el cual salvó
a la raza humana en el año 2,000?"

¿Cuál es el paso concreto que debo dar,
en este momento de mi vida, para contribuir
al redescubrimiento del amor?

*Nadie necesita más amor que*
*aquel que no lo merece.*

ANÓNIMO

# SÉPTIMA SEMANA:
## Produzcan Fruto

## SÉPTIMA SEMANA: Produzcan Fruto

### 1er Día

*[Jesús rogó por sus discípulos, diciendo:]*
*"Padre santo. . . . Les he dado tu mensaje. . . .*
*Así como tú me enviaste al mundo,*
*así yo también los envío al mundo,*
*y por ellos voy al sacrificio que me hace*
*santo, para que ellos también sean*
*verdaderamente santos."*

JUAN 17:11, 14, 18–19

La leyenda dice que cuando Jesús regresó
al cielo, el ángel Gabriel le preguntó
si todos en el mundo sabían
de su amor por ellos.
"Oh, no," dijo Jesús,
"Solo unos cuantos lo saben."
El ángel Gabriel estaba muy sorprendido y
le dijo, "¿Cómo van a saber los otros?"
Jesús le dijo, "Esos pocos se los dirán."
"Pero, ¿y si esos pocos
te defraudan?" le preguntó Gabriel.
"¿Qué pasa si encuentran oposición?
¿Que sucederá si se desaniman?
¿Tienen algún plan de apoyo en caso falle
éste?" Jesús le dijo, "No, yo cuento con que
esos pocos no me defrauden."

¿Qué es lo que me convence a mí que los que siguen a Jesús no lo van a defraudar?

*Yo solía pedirle a Dios que me ayudará.*
*Luego le pregunté si yo lo podría ayudar a él.*

HUDSON TAYLOR

# SÉPTIMA SEMANA: Produzcan Fruto

2do Día ______________________

*[Pablo escribe:]*
*Dios me ha concedido el privilegio*
*de ser su apóstol,*
*para que en todas las naciones*
*haya quienes crean.*

ROMANOS 1:5

Hay una historia graciosa
de una mujer que vio a un gorrión
echado de espaldas,
con las patitas estiradas hacia el cielo.
La mujer le preguntó al gorrioncito,
"¿Por qué estás echado de esa forma?"
El gorrión le respondió.
"Nos han dicho que el cielo se va a caer hoy."
La mujer se echó a reír con muchas ganas
y le dijo al gorrión,
"¿Y tu crees que, con tus patitas flaquitas,
tu vas a sujetar al cielo?"
"No," dijo el gorrión, "pero
yo tengo que hacer lo que puedo."

Cuando se trata de trabajar para agrandar
el reino de Dios en la tierra,
hasta que punto vivo yo la misma filosofía
del gorrioncito de la historia?

*El verdadero fracaso, el cual*
*en verdad es muy trágico, no es el tratar*
*y fracasar, sino el ni siquiera tratar.*

ANÓNIMO

# SÉPTIMA SEMANA: Produzcan Fruto

## 3er Día

*[Un día, Jesús les pidió a sus discípulos*
*por sus panes para alimentar la multitud.*
*Jesús tomó] los siete panes y los pescaditos,*
*[dio] gracias a Dios . . . y los [dio] . . . al pueblo.*
*Todos comieron hasta saciarse.*

MATEO 15:35–37

La Madre Teresa sintió el llamado
de Jesús para ayudar a los pobres,
sobretodo, a los niños de las barriadas
en la India. Ella empezó a usar todo el
dinero que tenía para comprar una chocita
que tenía piso de tierra. Hoy en día esa choza
se ha multiplicado y existen
más de 100 colegios para niños y más
de 150 hogares para personas desahuciadas.
La Madre Teresa
le dio sus "panes y pescados" a Jesús,
y El los multiplicó mucho más
de lo que ella jamás se hubiera imaginado.

¿Cuáles "panes y pescados" puedo darle a
Jesús para que sean multiplicados por El?

*Las tuyas son las únicas manos*
*mediante las cuales El puede hacer su trabajo. . . .*
*Los tuyos son los únicos ojos*
*mediante los cuales su compasión puede brillar*
*en medio de este agitado mundo.*

SANTA TERESA DE AVILA

4to Día ______________________

*[Unos sabios del Oriente vio] su estrella en Oriente.*
MATEO 2:2

El escritor Henry Van Dyke escribió una historia acerca de un cuarto rey mago imaginario llamado Artaban. Se suponía que él iba a ir con los otros tres en busca del rey recién nacido. Artaban llevaba una bolsita llena de piedras preciosas como regalo para el nuevo rey bebito. Cuando se dirigía para reunirse con los otros tres, se detuvo para ayudar a un necesitado. La demora fue corta, pero fue suficiente para que él no pudiese reunirse con los otros reyes magos. Nunca los pudo alcanzar, más bien, él siguió ayudando y regalando todas sus piedras preciosas. Artaban terminó como mendigo en una ciudad lejana llamada Jerusalén. Un día él vio que unas personas se llevaban a un criminal para ajusticiarlo. Se sintió conmovido por este hombre y sintió pena por no poder ayudarlo. Cuando el hombre estuvo cerca, se detuvo y le dijo a Artaban, "No tengas pena. Tu me has estado ayudando toda tu vida."

¿Me puedo imaginar cómo se sentiría Artaban cuando Jesús le dijo éste a él?

*Cuando ayudaron a los más necesitados, me ayudaron a mi.*
MATEO 25:40 (parafraseado)

## SÉPTIMA SEMANA: Produzcan Fruto

### 5to Día

*[Jeremías confrontó a la gente sobre sus pecados*
*como el Señor mandó. Ellos lo maltrataron.]*
*Lo agarraron, diciendo:*
*"Vas a morir, por lo que has dicho*
*en nombre de Yavé."*

JEREMÍAS 26:8–9

El profesor Samuel Langley realizó
el primer vuelo no tripulado en 1896.
Un poco antes de que los hermanos Wright
realizaran el primer vuelo tripulado
siete años más tarde, el *New York Times*
escribió: "Esperamos que el profesor Langley
no siga poniendo en peligro
su increíble grandeza como científico
y continúe gastando su tiempo
en estos experimentos de vuelo
y malgastando el dinero necesario para ello. . . .
Para estudiantes e investigadores
del tipo de Langley,
existen unos empleos más provechosos."

¿Puedo recordar algún momento cuando se
me maltrató o se me puso en ridículo por
haber hecho algo que yo creí estaba bien?
¿Cómo me afectó el maltrato y el ridículo?

*[Los Apóstoles estaban] muy contentos . . .*
*sufrir injurias por causa del nombre de Jesús.*

HECHOS 5:41

6to Día ______________________

*[En la noche, los discípulos estaban cruzando el lago cuando pegó una tormenta. Jesús vino a ellos sobre el agua. Tenían mucho miedo. Jesús] les dijo: "Soy Yo, no tengan miedo."*

JUAN 6:20

Una mujer había estado meditando y reuniéndose periódicamente por espacio de varios meses. Una mañana ella compartió lo siguiente con el grupo:
"Yo he logrado tanto mediante éste," dijo "pero últimamente me ha entrado temor al pensar a dónde me estará guiando Jesús. ¿Me pedirá El algún gran sacrificio de mi parte?"
Una mujer que la escuchaba atentamente dijo, "Susan, ¡no temas! Yo una vez me sentí igual como tu te sientes ahora.
Jesús realmente me estaba guiando, así como te está guiando a ti.
Como resultado, ahora hago cosas que nunca antes soñé hacer y éste me llena de una alegría y de una paz que nunca soñé pudiese existir."

¿Siento yo que Jesús me está guiando? ¿Alguna vez siento temor al pensar a dónde me estará guiando?

*¿Qué puedo yo temer si estoy con Dios?*
BROTHER LAWRENCE

# SÉPTIMA SEMANA: Produzcan Fruto

## 7mo Día

*He tenido mucho cuidado, y de esto me honro, de no predicar en lugares donde ya se conocía a Cristo*

ROMANOS 15:20

Phil Donohue, de la televisión, dice
que el compromiso se hace en tres etapas.
Primero, está la etapa del *regocijo*.
Allí es cuando decimos, "Me encanta hacer
éste. ¿Por qué no me comprometí antes?"
Luego viene la etapa de la *intolerancia*.
Allí es cuando decimos,
"¡Todo aquel que no esté involucrado,
no es un cristiano verdadero!"
Finalmente, está la etapa de la *realidad*.
Allí es cuando nos damos cuenta
que nuestro compromiso va a hacer
muy poca mella en la guerra contra el mal.
Es en esta etapa cuando nacen los santos.

¿En qué etapa me encuentro yo?
¿Qué es lo que me impulsa a seguir
comprometido?

*La gente más feliz del mundo*
*son aquellas*
*quienes han encontrado la misión para la*
*cual han sido llamados en esta vida . . .*
*[y los más infelices] son aquellos*
*quienes ni siquiera han empezado a buscarla.*

ROBERT C. LESLIE

## Modelo para la Reunión Semanal

### LLAMADO A LA ORACIÓN

*El líder empieza cada reunión semanal pidiéndole a alguien que encienda una vela y a tres personas que recen lo siguiente:*

PRIMER LECTOR:

[Dijo Jesús:]
"Yo soy la luz del mundo . . .
El que me sigue
no caminará en tinieblas,
sino que tendrá luz y vida."
JUAN 8:12

SEGUNDO LECTOR:

Señor Jesús, tu dijiste
que cuando dos o tres
se reunieran en tu nombre,
tu estás allí con ellos.
La llama de esta vela
simboliza tu presencia entre nosotros.

TERCER LECTOR:

Y, Señor Jesús,
donde tu te encuentres, allí también
están el Padre y el Espíritu Santo.
Y así empezamos nuestra reunión en
la presencia y en el nombre del
Padre,
del Hijo,
y del Espíritu Santo.